古陶瓷学习宝典

一套六册

人物卷
花鸟卷（上册/花卉·禽鸟）
花鸟卷（下册/走兽·虫鱼）
山水卷（附补遗）
铭文款识卷（附补遗）
补遗卷（人物/花鸟）

江苏省古陶瓷研究会倾力奉献

中国青花瓷纹饰图典

山水卷
（附补遗）

江苏省古陶瓷研究会　编

主　编：李绍斌
副主编：王德安　蒋光意
　　　　钱俊华　刘庆楚

东南大学出版社
·南京·

图书在版编目(CIP)数据

中国青花瓷纹饰图典.山水卷/江苏省古陶瓷研究会编.—2版.—南京：东南大学出版社，2023.11
ISBN 978-7-5766-0635-5

Ⅰ.①中… Ⅱ.①江… Ⅲ.①青花瓷（考古）–器物纹饰（考古）–中国–图集 Ⅳ.①K876.32

中国版本图书馆CIP数据核字（2022）第253228号

中国青花瓷纹饰图典·山水卷（第2版）
Zhongguo Qinghuaci Wenshi Tudian · Shanshui Juan (Di 2 Ban)

编　者：	江苏省古陶瓷研究会
出版发行：	东南大学出版社
地　址：	南京市四牌楼2号　邮编：210096
网　址：	http://www.seupress.com
出版人：	白云飞
经　销：	全国各地新华书店
印　刷：	南京新世纪联盟印务有限公司
开　本：	889 mm×1194 mm　1/16
印　张：	14.75
字　数：	467千字
版　次：	2023年11月第2版
印　次：	2023年11月第1次印刷
书　号：	ISBN 978-7-5766-0635-5
定　价：	214.00元

本社图书若有印装质量问题，请直接与营销部联系。电话：025-83791830
责任编辑：刘庆楚　责任校对：张万莹　封面设计：王玥 宗元　责任印制：周荣虎

《中国青花瓷纹饰图典》修订及"补遗"说明

《中国青花瓷纹饰图典》大型工具丛书（含人物、花鸟、山水、铭文款识卷，共4卷5册）于2008—2010年由我社陆续出版。本丛书研究了中国元明清三朝青花瓷各类纹饰的题材、特色及其价值，大体运用类型学的方法，再加以时代的先后排比，系统地提供了中国青花瓷纹饰的发展长卷，不光对中国陶瓷史的研究提供了可信的标本资料，而且对中国美术史的研究亦提供了另外的研究路径和媒介资料。因此受到了学术界的广泛欢迎，陶瓷学者和美术学者将其当做"陶瓷绘画"（或曰"陶瓷装饰"）的基本资料库，广大的收藏爱好者则将其当做按图索骥的案头工具书，在收藏市场上佐定真伪。

丛书的出版也得到了中国古陶瓷学会的高度肯定，时任中国古陶瓷学会会长、中国古陶瓷鉴定"第一人"耿宝昌先生，为丛书题写书名；中国古陶瓷学会副会长、南京博物院研究员、人称"张青花"的张浦生先生为丛书欣然作序。

丛书的出版距今已经十余年了，但读者的喜爱之情并未消减，无论是我社，还是编撰者，都收到不少读者反馈，希望修订；同时十余年来，我们又征集到不少精彩的标本资料，也有必要予以增补，以资进一步完善。经过江苏省古陶瓷研究会的授权，我们决定重新出版该丛书。与第一版相比，本次重版有以下特色：

1. 在基本保留原书框架基础上，出版一册"增补本"，内容包含人物、花鸟两部分内容；增补的"山水"内容补充进原来的"山水卷"中，增补的"款识"内容补充进原来的"铭文款识卷"中，因第一版的"山水卷"和"铭文款识卷"内容较少，篇幅偏薄。这样，一套6册，基本上做到篇幅相当了。

2. 原版是大32开本，开本小，图片相应也偏小，虽然图书定价上较便宜，但也有不少读者反映看图片"不过瘾"；本次修订，江苏省古陶瓷研究会原会长、丛书主编李绍斌同志建议采用大开本，将图片放大，尤其是精彩的图片要放大，由此我们适当对图片做了点删减，主要是删减了一些"类同"的不太精彩的图片，并不会影响图书的资料价值。

3. 本次修订，我们对原书的文字资料，尤其是标本的纪年部分，重新予以审定，因此修改了多处标本纪年，以便收藏爱好者更准确地"比对"标本，确定年代，少走弯路。

必须说明的是，对标本的断代，尽管我们付出了很大的努力，但也只是反映了我们的认识。读者可能会有不同的看法，也希望读者与我们分享，以便修订时参酌。

本次修订，我们衷心感谢江苏省古陶瓷研究会的支持；感谢李绍斌、蒋光意、王德安、钱俊华等修订的组织者和编撰者；感谢丛书初版编辑委员会各位成员；感谢刘庆楚先生参加本丛书的修订工作和补遗卷的编辑撰写工作。

最后，我们尤其要感谢为丛书初版和修订提供标本资料的各位收藏者，没有你们的无私帮助，丛书的资料不可能这么丰富、全面；也正因为江苏省古陶瓷研究会团结了全国众多的古陶瓷收藏爱好者，才能组织编撰出这样一部"图典"性质的陶瓷工具书，舍此，任何个人或组织均无能为力，丛书也因此成为目前"唯一"的权威性的大型古陶瓷标本资料书。

江苏省古陶瓷研究会
东南大学出版社
2023.8.15

《中国青花瓷纹饰图典》修订版及"补遗"组织与编撰人员

编撰人员名单（按姓氏笔画排列）

    王德安 刘庆楚 李绍斌 钱俊华 蒋光意

图片摄影 蒋光意

顾 问 苏 京 贺云翱

主 编 李绍斌

副 主 编 王德安 蒋光意 钱俊华 刘庆楚

《中国青花瓷纹饰图典》初版编辑委员会

顾 问 张浦生

主 编 李绍斌

副主编 王德安 周道祥 邢舒良 蒋光意

编 委（按姓氏笔画排列）

    王胜利 王德安 邢舒良 朱友山 朱 戢 刘金祥

    李绍斌 何仕钊 周道祥 赵 刚 郝金宝 贺云翱

    梁剑铭 蒋光意 霍 华

图片摄影 蒋光意

《中国青花瓷纹饰图典》修订版及"补遗"资料提供人员名单

（按姓氏笔画为序）

王德安	朱友山	刘庆楚	刘金祥	江跃飞	苏 平	苏 京
李绍斌	杨玉贵	吴忠信	吴 培	沈冬成	陈凤祥	陈文俊
陈 宏	范同利	周 峰	费 腾	袁文彬	钱俊华	唐英学社
曹兆浦	曹兆燎	章竞成	蒋光意	蒋建超	谢志雄	薛美林

《中国青花瓷纹饰图典》初版本资料提供人员名单

（按姓氏笔画为序）

丁 俊	马广彦	马 平	王念石	王德安	王世纬	王耀东
王胜利	王肇南	王晨忠	田宁伟	孙梓平	孙梓宁	孙 欣
成 刚	朱友山	朱 戬	刘 健	刘振宇	邢舒良	池 澄
江 平	吕国玉	宋凌晨	汪冰洋	杨 笛	李绍斌	李 蔚
李广宁	李 健	吴宁兴	沈立新	张 铠	张 成	张浦生
张 磊	张国昌	张 敢	陈露云	陈文禄	陈光荣	何建华
周延琛	周道祥	贺云翱	赵 刚	查夏泉	姚金宁	徐金荣
秦一仁	夏如刚	梁剑铭	谢尚松	程绍斌	葛师科	蒋光意
潘山君	霍 华	薛福祥				

题　　记

　　中国是举世闻名的陶瓷古国，陶瓷文化源远流长，陶瓷艺术博大精深。尤其是元、明、清的青花瓷，用氧化钴为颜料，以中国画的笔法，绘制在洁白的瓷胎上，罩以透明釉烧制出来，形成了一幅幅幽倩亮丽、美不胜收的中国画。这实乃绘画艺术、造型艺术的结晶，同时也是社会经济、文化、政治、民俗的生动反映。

　　除了完整的青花瓷器外，在各历史文化名城的地下还蕴藏着大量的青花瓷片资源，这是前人留下的永不褪色的美的历史。随着经济的发展、城市的开发，大量的地下古瓷片重见天日。有识之士不辞辛苦，抢救、采撷一片片破碎的文明，研究、欣赏一幅幅瓷绘艺术作品，从而形成了一个闻名中外的"瓷片族"。本书所汇集的图录，正是瓷片族们数十年来所收藏的青花瓷画精品，为古陶瓷收藏者、研究者、文博考古工作者、美术和教育工作者以及一切热爱中国古代艺术的人们，提供一份瑰丽多彩的文化大餐。读者能从中较全面地了解古代青花瓷绘知识；经过纹饰对照，掌握青花瓷断代的方法；增加收藏青花瓷的兴趣，提高对瓷绘艺术的鉴赏水平。

参与丛书修订及补遗工作的部分人员合影（从右到左）：蒋光意、钱俊华、李绍斌、刘庆梵、余功强

弘扬瓷绘艺术　传承民族精粹

——《中国青花瓷纹饰图典》序

国家文物鉴定委员会委员
中国古陶瓷学会副会长　　张浦生
江苏省文史研究馆馆员
南京博物院研究员

中国文化遗产蕴藏着中华民族独有的精神价值与思维方式，体现着中华民族的生命力和创造力，是华夏各民族智慧的结晶，也是全人类文明的瑰宝。保护文化遗产是联结民族情感的纽带，是增强民族团结和维护国家统一、社会和谐的重要文化基础。作为传承中华文化重要载体的瓷器乃是一项多姿多彩的文化遗产。人们常说，瓷器是中国人的名片。大凡中国人，对自己国粹的瓷器，总是情有独钟。

我国制瓷历史悠久、源远流长。不同时代的瓷器有不同的特征。质朴清雅、绘画生动的釉下彩青花瓷更是我国制瓷业中一个最著名的品种，它深深植根于民间。从唐代起源至今天已有一千多年的历史，始终兴盛不衰。而赏心悦目之青花瓷，历来深受世人瞩目与青睐的关键，就在于其博大精深的瓷绘艺术。这中间，特别是元、明、清三代景德镇瓷绘画师创作的青花瓷画，尤其技艺超群，名扬中外。他们不仅吸取了儒、道、释之精髓，而且也融合了作者自身的天赋悟性、哲思人格、艺术修养、心灵理念等，因此当我们见到一幅名品佳作时，往往会从内心深处由衷地涌现出一种高山仰止之感。俗话说，"人之美在心，瓷之美在意"，心意相通可谓大美矣。石破天惊！君曾记得2005年7月12日在英国伦敦佳士得艺术品拍卖会上，竟出现了一件描绘战国时代历史故事的"鬼谷下山图"元青花大罐以约二亿三千万人民币天价成交的事例，这在中国艺术品拍卖史上是史无前例的。它使中国古代青花瓷画具有无穷艺术魅力得到了最好的诠释。

收藏是保护历史文化遗产、陶冶情操、丰富业余生活的高雅活动。在社会安定、经济繁荣、生活水平不断提高的今天，收藏已不再是权贵富商、文人雅士的专利，而成为越来越多的有识之士精神生活的重要组成部分。自上个世纪80年代中叶以来，古城南京涌现出一批痴迷古瓷片的收藏群体。他们认为瓷器完整固然保存了当时的风貌，但尘封数百年的残缺破损的瓷片，则更能体现历史的沧桑，使人产生无限的遐想。

在这批瓷片收藏族中，有教授、作家、画家、记者、工程师、科技人员、机关干部等，他们乐此不疲地收集残破古瓷片，既不是以营利为目的，也不仅仅是纯粹的个人兴趣爱好，而是为了整理研究文化遗存、地域历史、乡土资源，进而更好地加以传承。其出发点是保护弘扬优秀的中华传统文化，是要将古城名镇中被人遗忘的陶瓷文化寻找回来，并加以发扬光大。

书籍是人类的老师和朋友，书籍亦是知

萧何月下追韩信

弘扬瓷绘艺术　传承民族精粹

鬼谷下山青花罐

识的源泉。多少年来，痴迷的瓷片族都有一个美好的心愿，就是要将大家手里林林总总、形形色色的青花瓷片，汇集起来精选其典型、精美、稀有之品，加以整理研究，编纂成册，予以出版。经过江苏省古陶瓷研究会相当长一段时间的精心筹划，现在终于夙愿得偿了。

《中国青花瓷纹饰图典》的问世，为我们全面了解中国古代青花瓷绘文化，提供了生动真实的第一手资料，它填补了中国古代绘画史的空白，在中华美术研究方面具有很重要的价值和意义。与此同时，该书的出版亦为古瓷爱好者、收藏家鉴赏与研究青花瓷提供了一部有用的工具书，可以使人得到启发和教益。

我一生爱瓷，尤爱青花。愿中国青花这一民族文化之花长盛不衰，续吐芬芳。

是为序！

丙戌年盛夏于金陵片瓷山房

目 录

青花山水画导论　　　　　　　　　　　　　　　　　/ 1

　　（一）中国山水画的形成与发展　　　　　　　　/ 1

　　（二）明末清初青花山水画大量出现　　　　　　/ 2

　　（三）元、明、清青花山水画之特征　　　　　　/ 3

一、壮阔山水图　　　　　　　　　　　　　　　　　/ 6

二、乐山爱水图　　　　　　　　　　　　　　　　　/ 57

三、山水行旅图　　　　　　　　　　　　　　　　　/ 74

四、江畔春亭图　　　　　　　　　　　　　　　　　/ 96

五、春到江南图　　　　　　　　　　　　　　　　　/ 115

六、临流望江图　　　　　　　　　　　　　　　　　/ 121

七、深山古寺图　　　　　　　　　　　　　　　　　/ 130

八、烟雨江南图　　　　　　　　　　　　　　　　　/ 134

九、柳岸春烟图　　　　　　　　　　　　　　　　　/ 141

十、楼台建筑图　　　　　　　　　　　　　　　　　/ 148

十一、寿山福海图　　　　　　　　　　　　　　　　/ 170

十二、树石栏杆图　　　　　　　　　　　　　　　　/ 173

十三、山石古木图	/177
十四、花木湖石图	/184
补　遗	/190
1. 山水风景	/191
2. 亭台楼阁	/213
倡导学术积累　弘扬科学精神（贺云翱/跋）	/218
后　记	/220

青花山水画导论

中国山水画是中国画中的一个画种。山水画的范围广泛，包括山川、海岳、溪流、树木、园林、庭院、湖石、楼阁等等。在中国，山水画的形成较之人物画为迟。汉代以前的人物画虽然也会有山水作为背景，但十分简单，仅作为陪衬出现。青花瓷上山水画的出现，同样较之青花人物画、花鸟画为迟，而且大多集中于明末清初这一段时间。它的出现是中国山水画发展成熟的产物，是纸绢山水画与陶瓷青花山水画相结合的成果，是这一时期文人画家参与青花山水制作的艺术性活动的体现。"仁者乐山，智者乐水"，是古人对山水事理交融的理解。水流动清澈，如人生智慧常新；山稳定葱茏可昭示人格操守坚定，故人们喜欢借助山水来表达自己的感情。青花山水图与水墨山水画有异曲同工之妙，本卷所集中展示的青花山水画资料十分珍贵，值得人们欣赏品玩和深入研究。

（一）中国山水画的形成与发展

如前所述，在中国画中，人物画的出现最早，特别是道释画兴盛。人物画中偶尔也会出现亭台楼阁、园林树石，但往往是作为人物活动的场景出现。真正形成较为完整的山水画，是从魏晋南北朝开始的。

东晋顾恺之是著名的大画家，在他的人物画《洛神赋图》中，以曹植的名著为蓝本，创作出气势恢宏的大型绘画作品，不仅人物生动传神，其背景山石树木、勾染皴擦，十分古朴典雅。他还创作出一些独立的山水画，写出了《画云台山记》画论，成为中国山水画的开创者。南朝为文人画滥觞时期，一些文人晦迹韬声于竹林泉石之间，放达遁世于山水之中，常以笔墨点染，写其逸情，山水无疑是最好的抒发对象和内容。正是由于江南山水秀丽，文人受山水涵养启迪所致。故山水画由人物画脱胎而出。陆探微、张僧繇等人从事山水画创作，宗炳和王微还专门写有山水画论。

山水画发展到隋唐，已日臻成熟。隋代展子虔的《游春图》，画面上的楼阁和人物很小，而山水占据了主要地位和大部分面积。他的山水画超越前人，形成了人物与山水之间的台阁画。画面层楼叠阁，乔木嘉树，碧溪清潭，佳花芳草，极尽工巧，为唐代山水画打下了基础。

到了唐朝，山水画真正独立出来，出现了一批山水画家。李思训的金碧山水、王维的水墨淡彩山水，画中有诗，技法上都有创新。特别是王维还写出了《山水诀》《山水论》，在绘画理论上独树一帜，是诗、书、画兼擅的艺术家。卢鸿画草堂园林景物，很有特色。吴道子，人称"画圣"，人物画十分出色，山水画也为人称道，他的嘉陵山水一改前人细巧之风，行笔纵横飘逸，恣肆豪迈。到了中唐，中国山水画脱离人物画背景的配角地位，完全地独立了出来，成为一个画种，可以与人物画分庭抗争了。

自南唐到两宋，朝廷设立专门的画院，鼓

励创作。中国山水画达到了鼎盛时期，技法也日臻完美，出现了许多山水画大家，比如董源、巨然、范宽、米芾、马远、夏圭等等。他们画出了各有面貌的山水画杰作。宋代山水画在构图、透视、色彩、韵味诸方面都达到一个新的高度，与人物画、花鸟画三足鼎立于中国画坛之上。

元代虽存在不足百年，但中国山水画也有了进一步发展。当时，一般文人不愿在异族统治下做官，寄情于山水，追求闲适，以写意山水画为消遣，怡情养性。形成了对后世影响巨大的四大家：黄公望、王蒙、倪瓒、吴镇，他们继承宋代山水画传统，变宋代山水画之格法，开元代山水画之新风。元代之前的山水画多用湿笔，谓之"水晕墨章"，至元四大家改用枯笔，擦抹用浅绛烘染。值得一提的是，倪云林在山水画面的空白处，补写书法诗赋，开诗、书、画、印兼备的先河，使得中国画更为完美，也为明清中国画的发展作出开创性的示范。

明代恢复宋代画院的建制，一些画家先后应征为宫廷画家。从洪武到万历，画院甚为兴盛，出现了许多山水画家，并形成了以戴进为代表的"浙派"山水画；以唐寅、仇英等为代表的院体派山水画；以沈周、文征明、董其昌、陈继儒为代表的吴派山水画，他们又被称为明代南宗画的四大家。他们的画风对以后的山水画影响很大。

清代虽无画院设置，但有内廷供奉画师。康乾时期被征为供奉的画家甚多，比如王原祁即是朝廷书画供奉。清代山水画风，基本上属于南宗画。清初文人画兴起，如石涛、石溪、龚贤、袁江等人，不求精巧临古而意在淡泊，寓有诗趣，重视独创，为一新的画风。但这一时期山水画影响最大，成就最高者为吴历、恽南田和"四王"，即王时敏、王鉴、王翚、王原祁，他们的画风风靡整个清代。三百年中南宗画名家辈出，又形成了娄东派、新安派、松江派、姑苏派、江西派、金陵派等。画家众多，各有所长，各有不同成就。

（二）明末清初青花山水画大量出现

山水画绘制在瓷器上，是中国独创。中国古代在瓷器上绘制釉下彩山水图，金代磁州窑上已经出现了瓷绘，最早的是金代皇统三年（公元1143年）崔晟墓中出土的白地黑花山水图残枕。在瓷上绘制青花山水纹饰，是元代首创。元代由于进口青花料的昂贵和国外对纹饰图案的要求，元代瓷器图案中几乎不见单纯的山水图，只是在人物画的背景中有简略山水作衬托。但元代后期青花人物画作品造诣极深，对后来传统国画在瓷器上用青花表现有非同小可的影响。独立意义的青花山水纹在明代青花绘画中不断发展起来，尤其明晚期青花山水画开始大量出现，文人画气息浓厚，到康熙时期已达到炉火纯青的地步。青花山水画典雅秀丽，富于变化，犹如笔墨韵味十足的中国传统水墨画再现，受到了人们的喜爱。

明末清初青花山水画在景德镇瓷器上的大量涌现，成为独立的装饰门类，并受到社会的普遍重视是有一定原因的。

究其原因，固然很多，根本原因是17世纪初，中国值明末清初阶段，社会正经历着一场巨大的动荡不安和政权更替的过程。明朝末年，朱明王朝官吏腐败，内忧外患，民不聊生；满人入关之后，镇压反抗，完成江山一统，连年战乱，并不安定。这种形势下，必然会影响到社会的各个方面，政治的、经济的、文化的、艺术的等各领域无不处于变革之中。至于青花山水画的大量出现，也自有其本身的原因。

1. 官窑衰败，民窑兴起

政治上的变革，必然影响到经济领域。景德镇制瓷业同样受到波及。自万历后期起，官窑已开始衰落。官窑衰败的结果是优秀的工匠、优质的原材料流向民窑，致使民窑开始兴起。民窑的不断壮大，意味着烧造技术不断改进，不仅产品数量大大增加，而且产品质量大大提高，有的民窑可以烧造出几乎和官窑器相媲美的作品，甚至随意写上宣德和成化的纪年款。在图案装饰上，逐渐摆脱官窑纹饰的刻板与凝固，形成富有民间色彩、生动活泼、喜闻乐见的风格，出现了以诗书画印相结合的、清新自然的、具有文人气息的青花山水画题材。

2. 文人画家，积极参与

山水画入青花，从明末到清初，特别是清三代，青花山水的题材越来越多。大型瓶罐上有山水全景图，气势磅礴，还出现了青花山水瓷版画。大幅的青花山水，描绘更精致，技法更纯熟，用分水画法描绘，如同在宣纸上的青绿山水画，"青花五彩"更体现了中国画的墨分五色的特征。特别是在青花瓷上，以唐人诗意为内容的山水画大量出现，诗、书、画、印相结合，将传统的中国绘画技法应用到瓷器上，寓文化和艺术为一体，形成了瓷绘新画风。反映了这一时期的青花瓷绘深受明末文人画的影响，甚至一些文人画家直接参与了青花瓷画的创作，特别是那些技法熟练、立意高远、构图精到、有较高审美情趣的青花山水，绝非一般画工所能绘制。正是由于文人画家的加入，才使得这一时期的青花山水画面目为之一新，增添了浓厚的书卷之气。

3. 版画兴盛，画谱刊行

明代中晚期到清初，中国的版画艺术在南方皖浙一带形成创作和出版高峰，不仅小说、戏剧等文学作品中出现了大量版画插图，而且出现了许多专门供人学习临摹的画谱。如《顾氏画谱》《唐诗画谱》《十竹斋画谱》等，刊印量非常大。这就深深影响到景德镇青花瓷的绘制。特别是《芥子园画传》的刊行，影响更为深远。

《芥子园画传》是清代一部著名画谱，流传甚广，影响颇大。在中国学习国画的人，几乎没有不曾受惠于这部书的。画传先后成书，编刻四集，其中第一集为山水。这一集成书于康熙十八年（1679年）。这本书的出版发行，对景德镇青花瓷制作的画工来说，如获至宝，无不作为范本参考摹绘。诸多画谱的出现，是康熙时期青花山水骤然增多的一个重要因素。

4. 上有所好，下必甚焉

清朝统治者统一中国后，为稳定社会，发展生产，巩固统治，便大力宣弘教化，收取民心。又开科举，来笼络文人。顺治、康熙、乾隆皆雅好绘画，尤其喜欢山水画。亲政之余，常以赏画消遣。当时一些文人第一步自然是重读书科举，第二步在获取功名之后，为进仕途，也逢上所好，研习书画，以备供奉。官吏们于仕宦之暇，纷纷以笔墨供奉天子清娱。他们的山水画，多以南宗画派之法，写温润静逸之趣。所以，清代虽不设画院，却设内庭供奉。画家顾见龙、王原祁、叶洮、冷枚等都先后供奉内庭。唐岱工山水画，曾奉召入内庭，并赐为"画状元"。王原祁以侍读学士充佩文斋书画谱纂辑官，鉴定古今名画，官至少司农，奉命编出《佩文斋书画谱》巨著。正由于朝廷极力提倡，所以在清代前期，著名山水画家大量产生，"四王"相继领袖画苑，贵卿名士，云集京师。海内著名画家，皆被征召殆尽。乾隆还组织画家编辑出《秘殿珠林》《石渠宝笈》等书画汇编。

（三）元、明、清青花山水画之特征

青花山水画"初始"期始于元代中晚期，当时釉下青花工艺已非常成熟，其主要纹饰为松、竹、梅和鱼藻、花卉、云龙、飞凤、走兽、鸟禽等，但也绘有少量的戏曲人物故事图。为了配合故事情节，用松、石、山景来衬托画面中的人物，属于一种背景山水。典型的图案有近年拍卖的"鬼谷下山"青花罐。罐上画法虽有了国画的画风，但图中青花山水，只是起到衬托人物主题的作用。如收藏在南京博物馆的"萧何月下追韩信"梅瓶，树、石、芭蕉、远山也是衬托着人物。在元代绘画中还有一类"庭院莲池鸳鸯"图，也是用庭院栏杆、湖石、水草衬托主体鸳鸯。

这时期山水图是图案中的非主流时期，只

起到一种衬托作用。其原因与元青花图案设计思想有关，由于外销客户的审美观和需求，图案要考虑外销因素。不多的青花人物故事图，让我们看到了元代构成山水画要素的树、石、山、水的画法，这时期应是青花山水的初始时期。

在明代的青花绘画史中，"官本样"占主体地位。"官本样"即由宫廷制好的器型木模并画好的图样，交由制瓷工匠制作。许多图案纹饰经宫廷画家之手发样，使得官窑图案整体细腻而繁杂。在明早、中期景德镇的瓷业生产以宫廷控制的御窑厂为中心，民窑处于附属地位。由于青花料为御窑厂控制，图案装饰受到束缚。山水画主要以庭院湖石、寿山福海为多，画面简单，变化少。这时期山水画题材较少。主要有：

一是庭院景物画。永、宣时期由山石、花卉、池水构成近景山水图案较多。土耳其托卡比宫和日本出光美术馆所藏的永乐"园景花卉"大盘，画面中湖石、溪岸、芦苇、花卉、竹、树等植物与潺潺流水构成一幅院景图案。寓意宁静的构图，发色淡雅的青花，给人一种文雅幽淡、清丽优雅的感觉。官窑中庭院湖石图案不多，画法疏朗清新，完全不同于海水山石繁复手法，但图案中湖石、花草、流水布局错落有致，用笔纤细，体现了清丽明快的园林特色，反映了江南特有景色。这时期湖石、花草画法基本相同，变化不大，笔法均采用小笔描绘，严谨工整，体现了官画的特点。但整体体现了一种山水的近景画法。

二是出现"抽象"山水画。抽象山水以云气纹、福山寿海纹为多。官窑海水山石画法，通常是器物通身满体青花描绘，画面海浪汹涌，每一朵浪花、每一阵波涛都有一种翻滚的动感，衬托出屹立在滔天海浪之中的山峰雄壮稳固。这种海水画法承于元代，但构图更加理性，画法更加精致。永、宣时期海水云气纹图，达到了当时精密画法的高峰，渗透了宫廷院体工画气质。如南京博物院收藏的海水纹三足宣德炉，正是典型之作。民窑福山寿海纹构图更简单，画法和画意抽象。正统、景泰、天顺时期多见"携琴访友"人物图案，画面中的山水、楼台、庭院往往在云雾幻境之中。"抽象"山水图案的出现已含有写意的元素。

明早、中期民窑山水以简笔画法为主，庭院湖石成为庭院景致中不可缺少的内容。寥寥几笔的湖石、庭院栏杆、花草，构图简练。成化后，这种画法除了受"双勾平涂"技法限制，实际上已是一种最初的写意形式，为明后期文人写意画打下了基础。

嘉靖时期，流行一种带有道家仙境风格山水图案，正是皇帝崇信道教的真实写照。嘉靖帝不理朝政，迷恋道家仙术，瓷器装饰上也出现了大量神仙故事、松鹤图。不多的山水画，也趋于"意必吉祥"之意。土耳其托普比宫收藏的"福海寿山仙境"盘，整幅画面画的神山、寺院、宝塔、仙草、树木都在飘渺的仙境中。这种精神出尘的画面，构图简单，落笔、运笔都很快，已有明显的写意画风。值得一提的是万历时期，一种白描图案大量出现，这种图案不仅是用青花线条勾画图案，并用线条填画图案的内容，一改双勾平涂的画法。新的画法形成一种新的画风，对后来的青花画法有所影响。

青花山水画的发展，在明晚期出现了明显转折。万历三十五年（1607年）以前，一直是官窑占统治地位。在此以后，官窑日趋衰落。对欧洲市场出口的剧增和国内市场的扩大，大大刺激了民窑的生产。民窑不受束缚地大量生产，在景德镇占据了绝对优势。摆脱了"官本样"限制，民窑青花装饰图案，趋于清新而富于民间气息。制瓷艺人借鉴当时书画家的画风，使瓷画面貌发生了根本的转变，图案很少继续使用明代官窑传统的图案。

当时画风简练、质朴、生动、豪放，与同时期中国绘画的发展相辅相成、相互借鉴、互相影响。山水画追求意境，刻意反映人们内心活动和情感的需求，画面不但要"好看"，还要有"情趣"。在构图上，以意布局。青花山水画在明末已出现了绘画中使用的"三远法",景物远近高低,错落有致,画面疏密搭配得当,更富有生活气息。在笔法上更大胆泼辣,线条洒脱酣畅,寥寥数笔就把山水小景描写得意趣无穷。晚明到清初时出现了许多写意山水图,如"秋江山景""秋江待渡""临江吟咏""江山秋色""山林春烟""烟霏春晓"等。在一些山水画中,诗、书、画、印相结合引人入胜。这类画题材多用唐诗画景,配合画面用隶书题字,这种诗配画的画法,是晚明文人与文化、艺术融为一体的精心构思,也是民窑业主与文人结合的一种表现,并深刻影响了整个清代瓷画。

崇祯、顺治时期,诗词配画题材具有典型文人画风格。崇祯十二年(1639年)青花山水纹象腿瓶,画面上群山连绵,山间云雾缭绕,近景林中一文人独立小桥边。在画面空白处,题朱熹《春日》诗:"胜日寻芳泗水滨,无边光景一时新;等闲识得东风面,万紫千红总是春。"诗意画景,画中有诗,诗中有画,画风中流露出文人趣味的清幽。

顺治时期唐诗配画题材受到文人的欢迎,上海博物馆藏的顺治十年(公元1653年)青花山水象腿瓶,瓷瓶上绘的整幅山水,正是唐人陈羽《伏冀西洞送夏方庆》诗配画,"洞里春晴花正开,看花人去几时回。殷殷寄语武陵客,莫引世上相逐来。"(与原诗有些出入)从崇祯和顺治青花山水画中可以看到,景德镇画工以借鉴中国水墨画的技巧,把连绵延亘的山水景色描绘在瓷器上,使瓷器装饰进入一种新的境界。

青花山水画"鼎盛"期在康熙,当时瓷业生产采取了一系列改革措施,制瓷业迅速发展。康熙十九年(1680年),景德镇正式恢复御窑厂。同时,还继续实行"官搭民烧"制度,官民窑并举,互相促进,制瓷业蓬勃发展。独树一帜的康熙青花瓷,在中国陶瓷史中占有非常重要的地位。特别是康熙十九年(1680年)后的产品,工艺质量明显提高。康熙青花瓷在绘画技法上,改变了勾勒轮廓、平涂上色的方法,采用了"分水法"。构图上,突破了前代官窑图案化的束缚,画面充满浓郁的生活气息,康熙山水画也不例外,创作了不少精美之作。

在清官窑的山水画中,康熙朝成就也是最高的。青花五色分水画法的创用,使青花有了深度表现山水的基础。特别是当时使用的浙料由"水选法"改进为"煅烧法",青花发色十分鲜艳有浓翠感。绘画中浓淡可呈不同的层次,增加了画面的美感。在笔法上采用南宋院体"斧劈皴"画法,"农耕图"充分运用了这种画法。清雍正朝青花山水画,受到当时流行的"四王"画风影响,笔法上采用的是"披麻皴"画法。

康熙朝民窑青花,纹饰题材广泛,与现实生活相联,反映当时思想和生活习俗的图案大量出现。其山水画不拘一格,自由地发挥出民间大众化艺术风格,充满自然、纯朴和浓郁的生活气息。在绘画技法上,"分水法"和借鉴西洋画的聚焦透视方法,使画面更有层次感。构图多样化,画面活泼,视野开阔。绘画风格,透出明末清初山水画家的笔法,画意清新,意境优美。山石描绘,多采用斧劈皴法,在青花色彩的烘托下,给人一种新意感觉。

康熙时期山水画的最大特点是立体感强,远山近景,山峦阴阳,疏落有致,有纵深的视觉效果和分明的层次感。青花用色浓淡相宜,构图讲究意境美,人物往往置于山水之中,整幅画面给人一种明快雅致之感。康熙青花山水的水墨丹青韵味,把文人画用青花的形式,在瓷器载体上表现出来,为瓷画的表现手法拓展了空间。大量传世的康熙青花山水作品中体现的成就,表明清代青花山水画达到了鼎盛时期。

清雍正乾隆以后的青花山水画,已大大减少。构图、笔法、设色等技法已大不如康熙时期,其艺术效果不能与康熙青花山水同日而语。雍正以后,取代青花历史地位的是粉彩和浅绛彩山水。

一、壮阔山水图

远山近水、山峦重叠,全景描写,大气磅礴的壮阔山水青花图,显现了瓷绘新风。成熟的山水青花图中,山石画法大量使用了"披麻皴""斧劈皴",山脊露白多,水波用线条描绘,正是明末和清早期青花山水图鉴定的要点。

明·崇祯·壮阔山水图

一、壮阔山水图

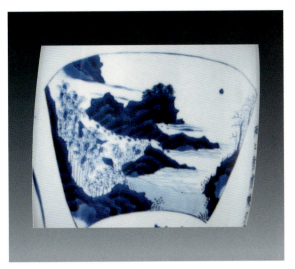

明·崇祯·壮阔山水图

清·顺治·壮阔山水图

清·顺治·壮阔山水图

清·顺治·壮阔山水图

清·顺治·壮阔山水图

清·康熙·壮阔山水图（雪景）

一、壮阔山水图

清·康熙·壮阔山水图

清·康熙·壮阔山水图

清·康熙·壮阔山水图

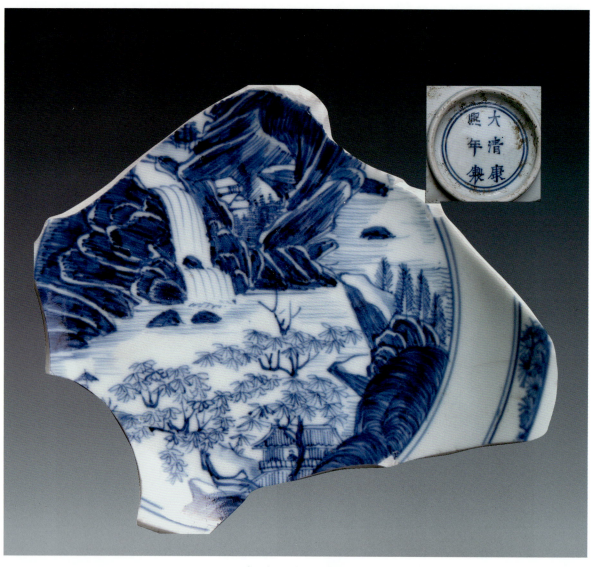

清·康熙·壮阔山水图

清·康熙·壮阔山水图

清·康熙·壮阔山水图

一、壮阔山水图

清·康熙·壮阔山水图

清·康熙·壮阔山水图

清·康熙·壮阔山水图

清·康熙·壮阔山水图

清·康熙·壮阔山水图

清·康熙·壮阔山水图

清·康熙·壮阔山水图

清·康熙·壮阔山水图

一、壮阔山水图

清·康熙·壮阔山水图

清·康熙·壮阔山水图

清·康熙·壮阔山水图

清·康熙·壮阔山水图

清·康熙·壮阔山水图

清·康熙·壮阔山水图

清·康熙·壮阔山水图

清·康熙·壮阔山水图

清·康熙·壮阔山水图

一、壮阔山水图

清·康熙·壮阔山水图

清·康熙·壮阔山水图

清·康熙·壮阔山水图

中国青花瓷纹饰图典·山水卷

清·康熙·壮阔山水图

清·康熙·壮阔山水图

一、壮阔山水图

清·康熙·壮阔山水图

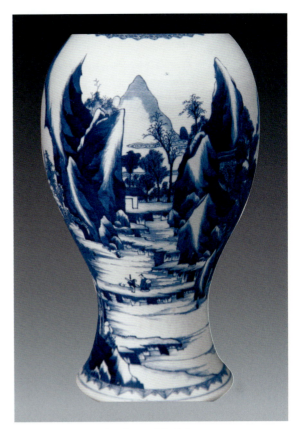
清·康熙·壮阔山水图

清·康熙·壮阔山水图

清·康熙·壮阔山水图

清·康熙·壮阔山水图

清·康熙·壮阔山水图

一、壮阔山水图

清·康熙·壮阔山水图

清·康熙·壮阔山水图

清·康熙·壮阔山水图

清·康熙·壮阔山水图

清·康熙·壮阔山水图

清·康熙·壮阔山水图

清·康熙·壮阔山水图

清·康熙·壮阔山水图

一、壮阔山水图

清·康熙·壮阔山水图

清·康熙·壮阔山水图

清·康熙·壮阔山水图

清·康熙·壮阔山水图

清·康熙·壮阔山水图

清·康熙·壮阔山水图

一、壮阔山水图

清·康熙·壮阔山水图

清·康熙·壮阔山水图

清·康熙·壮阔山水图

23

清·康熙·壮阔山水图

清·康熙·壮阔山水图

清·康熙·壮阔山水图

清·康熙·壮阔山水图

中国青花瓷纹饰图典·山水卷

清·康熙·壮阔山水图

清·康熙·壮阔山水图

清·康熙·壮阔山水图

清·康熙·壮阔山水图

清·康熙·壮阔山水图

清·康熙·壮阔山水图

一、壮阔山水图

清·康熙·壮阔山水图

清·康熙·壮阔山水图

清·康熙·壮阔山水图

清·康熙·壮阔山水图

清·康熙·壮阔山水图

清·康熙·壮阔山水图

清·康熙·壮阔山水图

中国青花瓷纹饰图典·山水卷

清·康熙·壮阔山水图

清·康熙·壮阔山水图

清·康熙·壮阔山水图

一、壮阔山水图

清·康熙·壮阔山水图

清·康熙·壮阔山水图

清·雍正·壮阔山水图

清·雍正·壮阔山水图

清·雍正·壮阔山水图

清·雍正·壮阔山水图

清·雍正·壮阔山水图

一、壮阔山水图

清·乾隆·壮阔山水图

清·乾隆·壮阔山水图

清·乾隆·壮阔山水图

清·乾隆·壮阔山水图

清·乾隆·壮阔山水图

清·乾隆·壮阔山水图

一、壮阔山水图

清·乾隆·壮阔山水图

清·乾隆·壮阔山水图

清·乾隆·壮阔山水图

清·乾隆·壮阔山水图

清·乾隆·壮阔山水图

清·乾隆·壮阔山水图

一、壮阔山水图

清·乾隆·壮阔山水图

清·乾隆·壮阔山水图

清·乾隆·壮阔山水图

清·乾隆·壮阔山水图

清·乾隆·壮阔山水图

清·乾隆·壮阔山水图

一、壮阔山水图

清·乾隆·壮阔山水图

清·乾隆·壮阔山水图

清·乾隆·壮阔山水图

清·乾隆·壮阔山水图

39

清·乾隆·壮阔山水图

清·乾隆·壮阔山水图

清·乾隆·壮阔山水图

一、壮阔山水图

清·乾隆·壮阔山水图

清·乾隆·壮阔山水图

清·乾隆·壮阔山水图

清·乾隆·壮阔山水图

清·嘉庆·壮阔山水图

清·嘉庆·壮阔山水图

清·嘉庆·壮阔山水图

清·嘉庆·壮阔山水图

一、壮阔山水图

清·嘉庆·壮阔山水图

清·嘉庆·壮阔山水图

清·嘉庆·壮阔山水图

清·嘉庆·壮阔山水图

清·嘉庆·壮阔山水图

清·嘉庆·壮阔山水图

一、壮阔山水图

清·嘉庆·壮阔山水图

清·嘉庆·壮阔山水图

清·嘉庆·壮阔山水图

中国青花瓷纹饰图典·山水卷

清·嘉庆·壮阔山水图

清·道光·壮阔山水图

清·道光·壮阔山水图

清·道光·壮阔山水图

一、壮阔山水图

清·道光·壮阔山水图

清·道光·壮阔山水图

清·道光·壮阔山水图

清·道光·壮阔山水图

一、壮阔山水图

清·道光·壮阔山水图

清·道光·壮阔山水图

清·道光·壮阔山水图

清·道光·壮阔山水图

中国青花瓷纹饰图典·山水卷

清·道光·壮阔山水图

清·咸丰·壮阔山水图

清·同治·壮阔山水图

清·同治·壮阔山水图

一、壮阔山水图

清·同治·壮阔山水图

清·同治·壮阔山水图

清·光绪·壮阔山水图

清·光绪·壮阔山水图

清·光绪·壮阔山水图

清·光绪·壮阔山水图

一、壮阔山水图

清·光绪·壮阔山水图

清·光绪·壮阔山水图

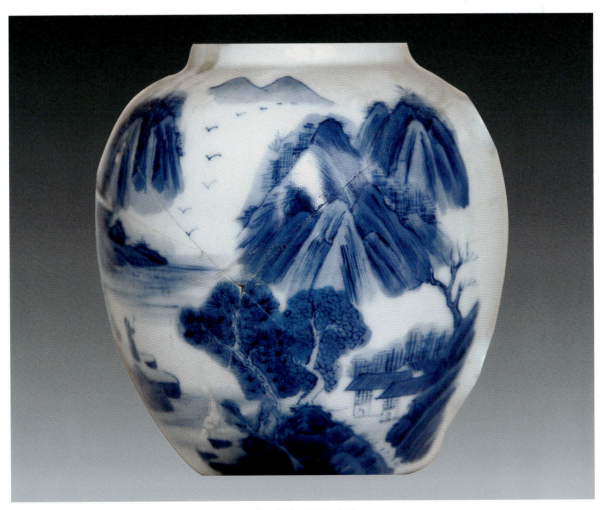

清·光绪·壮阔山水图

中国青花瓷纹饰图典·山水卷

清·光绪·壮阔山水图

清·光绪·壮阔山水图

清·光绪·壮阔山水图

清·光绪·壮阔山水图

一、壮阔山水图

清·光绪·壮阔山水图

清·光绪·壮阔山水图

清·光绪·壮阔山水图

清·光绪·壮阔山水图

清·光绪·壮阔山水图

清晚期·壮阔山水图

民国·壮阔山水图

二、乐山爱水图

　　水能载舟,也可怡情养性,正所谓"上善若水,水善利万物而不争"。水清澈无形无色的特性给人带来平静,水的流动又给人带来勃勃生机。山有形有色,春山艳冶,夏山苍翠,秋山明净,冬山惨淡。看山可使人心胸豁达,与山为伍一日,会体验到超凡脱俗的意境。山水能净人凡心尘思,使精神得以升华。青花瓷中的乐山爱水图案,在清初大量被创作,正是古代文人借山水画,追求"江流天地外,山色有无中"的意境。

明·弘治·乐山爱水图

明·天启·乐山爱水图

明·天启·乐山爱水图

明·天启·乐山爱水图

明·天启·乐山爱水图

明·天启·乐山爱水图

明·天启·乐山爱水图

明·天启·乐山爱水图

二、乐山爱水图

明·天启·乐山爱水图

明·天启·乐山爱水图

明·天启·乐山爱水图

明·天启·乐山爱水图

明·天启·乐山爱水图

明·天启·乐山爱水图

明·天启·乐山爱水图

明·崇祯·乐山爱水图

明·崇祯·乐山爱水图

二、乐山爱水图

明·崇祯·乐山爱水图

明·崇祯·乐山爱水图

明·崇祯·乐山爱水图

明·崇祯·乐山爱水图

清·顺治·乐山爱水图

清·康熙·乐山爱水图

二、乐山爱水图

清·康熙·乐山爱水图

清·康熙·乐山爱水图

清·康熙·乐山爱水图

清·康熙·乐山爱水图

清·康熙·乐山爱水图

清·康熙·乐山爱水图

清·康熙·乐山爱水图

清·康熙·乐山爱水图

清·康熙·乐山爱水图

清·康熙·乐山爱水图

二、乐山爱水图

清·康熙·乐山爱水图

清·康熙·乐山爱水图

清·康熙·乐山爱水图

65

清·乾隆·乐山爱水图

清·乾隆·乐山爱水图

清·乾隆·乐山爱水图

清·乾隆·乐山爱水图

二、乐山爱水图

清·乾隆·乐山爱水图

清·乾隆·乐山爱水图

清·嘉庆·乐山爱水图

清·嘉庆·乐山爱水图

清·嘉庆·乐山爱水图

清·嘉庆·乐山爱水图

清·嘉庆·乐山爱水图

清·道光·乐山爱水图

二、乐山爱水图

清·道光·乐山爱水图

清·咸丰·乐山爱水图

清·同治·乐山爱水图

清·同治·乐山爱水图

清·同治·乐山爱水图

清·同治·乐山爱水图

二、乐山爱水图

清·同治·乐山爱水图

清·同治·乐山爱水图

中国青花瓷纹饰图典·山水卷

清·同治·乐山爱水图

清·同治·乐山爱水图

清·光绪·乐山爱水图

清·光绪·乐山爱水图

清·光绪·乐山爱水图

二、乐山爱水图

清·光绪·乐山爱水图

清·光绪·乐山爱水图

清·光绪·乐山爱水图

三、山水行旅图

山水行旅图可由"虎溪相送""携琴访友"等故事构成画面。明末图案简洁,清初山水景色描绘丰富,用不同画法呈现四时之色,烘托着人物故事情节。

明·万历·山水行旅图

明·万历·山水行旅图

明·天启·山水行旅图

明·天启·山水行旅图

三、山水行旅图

明·天启·山水行旅图

明·天启·山水行旅图

明·天启·山水行旅图

明·天启·山水行旅图

明·天启·山水行旅图

明·天启·山水行旅图

明·天启·山水行旅图

明·天启·山水行旅图

三、山水行旅图

明·天启·山水行旅图

明·天启·山水行旅图

明·天启·山水行旅图

明·天启·山水行旅图

明·天启·山水行旅图

77

中国青花瓷纹饰图典·山水卷

明·天启·山水行旅图

明·天启·山水行旅图

三、山水行旅图

明·天启·山水行旅图

明·天启·山水行旅图

明·天启·山水行旅图

明·天启·山水行旅图

明·天启·山水行旅图

明·天启·山水行旅图

明·天启·山水行旅图

三、山水行旅图

明·天启·山水行旅图

明·天启·山水行旅图

明·天启·山水行旅图

明·天启·山水行旅图

明·崇祯·山水行旅图

明·崇祯·山水行旅图

三、山水行旅图

明·崇祯·山水行旅图

明·崇祯·山水行旅图

明·崇祯·山水行旅图

明·崇祯·山水行旅图

明·崇祯·山水行旅图

清·康熙·山水行旅图

清·康熙·山水行旅图

三、山水行旅图

清·康熙·山水行旅图

清·康熙·山水行旅图

清·康熙·山水行旅图

清·康熙·山水行旅图

清·康熙·山水行旅图

清·康熙·山水行旅图

清·康熙·山水行旅图

三、山水行旅图

清·康熙·山水行旅图

清·康熙·山水行旅图

清·康熙·山水行旅图

清·康熙·山水行旅图

清·康熙·山水行旅图

清·康熙·山水行旅图

三、山水行旅图

清·康熙·山水行旅图

清·乾隆·山水行旅图

清·乾隆·山水行旅图

清·乾隆·山水行旅图

清·乾隆·山水行旅图

清·乾隆·山水行旅图

三、山水行旅图

清·乾隆·山水行旅图

清·乾隆·山水行旅图

清·乾隆·山水行旅图

清·乾隆·山水行旅图

清·嘉庆·山水行旅图

清·嘉庆·山水行旅图

三、山水行旅图

清·嘉庆·山水行旅图

清·嘉庆·山水行旅图

清·嘉庆·山水行旅图

清·嘉庆·山水行旅图

中国青花瓷纹饰图典·山水卷

清·嘉庆·山水行旅图

清·道光·山水行旅图

清·道光·山水行旅图

清·咸丰·山水行旅图

清·咸丰·山水行旅图

清·同治·山水行旅图

三、山水行旅图

清·同治·行旅访友图

清·光绪·山水行旅图

清·光绪·山水行旅图

四、江畔春亭图

　　江畔之亭多为草亭,供歇脚用。但古人画中云林山水畔的亭子,被古人看作是心灵的高台,在宁静幽寂中,充满了生命的活力,亭小心不小。所以,古人又称"草亭"为"乾坤亭"。青花山水画中的草亭形形色色,各有千秋。

明·嘉靖·江畔春亭图

明·天启·江畔春亭图

明·天启·江畔春亭图

四、江畔春亭图

明·天启·江畔春亭图

明·天启·江畔春亭图

明·天启·江畔春亭图

明·天启·江畔春亭图

明·天启·江畔春亭图

明·天启·江畔春亭图

明·天启·江畔春亭图

明·天启·江畔春亭图

明·天启·江畔春亭图

四、江畔春亭图

明·天启·江畔春亭图

明·崇祯·江畔春亭图

明·崇祯·江畔春亭图

明·崇祯·江畔春亭图

清·康熙·江畔春亭图

清·康熙·江畔春亭图

清·康熙·江畔春亭图

清·康熙·江畔春亭图

四、江畔春亭图

清·康熙·江畔春亭图

清·康熙·江畔春亭图

清·康熙·江畔春亭图

清·康熙·江畔春亭图

清·康熙·江畔春亭图

清·康熙·江畔春亭图

四、江畔春亭图

清·康熙·江畔春亭图

清·康熙·江畔春亭图

清·康熙·江畔春亭图

清·康熙·江畔春亭图

中国青花瓷纹饰图典·山水卷

清·康熙·江畔春亭图

清·康熙·江畔春亭图

清·康熙·江畔春亭图

四、江畔春亭图

清·康熙·江畔春亭图

清·康熙·江畔春亭图

清·康熙·江畔春亭图

中国青花瓷纹饰图典·山水卷

清·康熙·江畔春亭图

清·康熙·江畔春亭图

四、江畔春亭图

清·康熙·江畔春亭图

清·康熙·江畔春亭图

清·康熙·江畔春亭图

清·康熙·江畔春亭图

清·康熙·江畔春亭图

清·雍正·江畔春亭图

四、江畔春亭图

清·乾隆·江畔春亭图

清·乾隆·江畔春亭图

清·乾隆·江畔春亭图

中国青花瓷纹饰图典·山水卷

清·乾隆·江畔春亭图

清·乾隆·江畔春亭图

清·乾隆·江畔春亭图

四、江畔春亭图

清·嘉庆·江畔春亭图

清·道光·江畔春亭图

清·道光·江畔春亭图

清·道光·江畔春亭图

清·道光·江畔春亭图

清·道光·江畔春亭图

四、江畔春亭图

清·同治·江畔春亭图

清·光绪·江畔春亭图

清·光绪·江畔春亭图

清·同治·江畔春亭图

五、春到江南图

春到江南，先到的是春风。春风带来了生机勃勃，吹绿了大地，吹绿了江南。翠柳飞絮，桃花争妍，鲜活的色调，纷沓成春景。春风是温暖的，春风是温柔的，如千言万语的诗句，让"暖风熏得游人醉"。青花瓷画中的江上泛舟人和悠闲自在的渔人，最能体验春水的乐趣。树下的读书学子，吟咏之声交织着芳草花香，春草如有情，诗中也有绿。

明·天启·春到江南图

明·天启·春到江南图

明·崇祯·春到江南图

清·康熙·春到江南图

清·康熙·春到江南图

清·康熙·春到江南图

五、春到江南图

清·康熙·春到江南图

清·康熙·春到江南图

清·康熙·春到江南图

清·康熙·春到江南图

清·康熙·春到江南图

清·康熙·春到江南图

清·康熙·春到江南图

五、春到江南图

清·康熙·春到江南图

清·康熙·春到江南图

清·嘉庆·春到江南图

中国青花瓷纹饰图典·山水卷

清·道光·春到江南图

清·道光·春到江南图

清·道光·春到江南图

六、临流望江图

岸边人物临流望江,体现在古人绘画中常见的"待渡图"中,有"秋江待渡""山溪待渡"等画作。青花山水人物"待渡图",在明末清初大量出现,正是时局动荡,民不安生,引发人们追求心中安和的"彼岸",是精神之"渡"的表现。

明·天启·临流望江图

明·天启·临流望江图

明·天启·临流望江图

明·天启·临流望江图

明·天启·临流望江图

明·天启·临流望江图

六、临流望江图

明·天启·临流望江图

明·天启·临流望江图

明·天启·临流望江图

明·天启·临流望江图

明·天启·临流望江图

明·天启·临流望江图

明·天启·临流望江图

六、临流望江图

明·天启·临流望江图

明·天启·临流望江图

明·天启·临流望江图

明·天启·临流望江图

明·天启·临流望江图

明·天启·临流望江图

六、临流望江图

明·天启·临流望江图

明·天启·临流望江图

明·天启·临流望江图

明·天启·临流望江图

清·康熙·临流望江图

清·康熙·临流望江图

清·康熙·临流望江图

六、临流望江图

清·康熙·临流望江图

清·康熙·临流望江图

清·康熙·临流望江图

七、深山古寺图

中国山水画中"潇湘八景"中有"烟寺晚钟",青花瓷画中也少不了深山藏古寺。青花画深山古寺,笔画虽不多,但蔼蔼山林中,塔寺之影,钟鼓之鸣,同样把人引入幽深之境。

明·天启·深山古寺图

明·天启·深山古寺图

明·天启·深山古寺图

明·天启·深山古寺图

七、深山古寺图

明·天启·深山古寺图

明·天启·深山古寺图

明·天启－崇祯·深山古寺图

明·天启–崇祯·深山古寺图

明·崇祯·深山古寺图

明·崇祯·深山古寺图

清·雍正·深山古寺图

清·雍正·深山古寺图

清·嘉庆·深山古寺图

七、深山古寺图

清·同治·深山古寺图

清·同治·深山古寺图

清·光绪·深山古寺图

八、烟雨江南图

　　堤岸回曲，垂柳成荫，烟波涟漪，扁舟荡漾，晕散的山、云，使青花画面呈现烟雨江南的景色。

清·康熙·烟雨江南图

清·康熙·烟雨江南图

清·康熙·烟雨江南图

清·康熙·烟雨江南图

八、烟雨江南图

清·康熙·烟雨江南图

清·康熙·烟雨江南图

清·康熙·烟雨江南图

清·康熙·烟雨江南图

清·康熙·烟雨江南图

清·康熙·烟雨江南图

八、烟雨江南图

清·康熙·烟雨江南图

清·康熙·烟雨江南图

清·康熙·烟雨江南图

清·康熙·烟雨江南图

清·康熙·烟雨江南图

清·康熙·烟雨江南图

八、烟雨江南图

清·康熙·烟雨江南图

清·康熙·烟雨江南图

清·康熙·烟雨江南图

清·康熙·烟雨江南图

清·康熙·烟雨江南图

清·康熙·烟雨江南图

清·乾隆·烟雨江南图

清·咸丰·烟雨江南图

九、柳岸春烟图

柳丝长、春雨细,千枝万缕散飞絮,正是柳岸春烟的写照。青花瓷画中有大量描写岸边垂柳景致,远山近柳,渲染着图中春色。窑工用写意的数笔描画全景,突出岸柳的图案正是晚明清初的特色。

明·天启·柳岸春烟图

明·天启·柳岸春烟图

明·天启·柳岸春烟图

明·天启·柳岸春烟图

中国青花瓷纹饰图典·山水卷

明·天启·柳岸春烟图

明·天启·柳岸春烟图

明·天启·柳岸春烟图

九、柳岸春烟图

明·天启·柳岸春烟图

明·天启·柳岸春烟图

清·康熙·柳岸春烟图

中国青花瓷纹饰图典·山水卷

清·康熙·柳岸春烟图

清·康熙·柳岸春烟图

清·康熙·柳岸春烟图

九、柳岸春烟图

清·康熙·柳岸春烟图

清·康熙·柳岸春烟图

清·康熙·柳岸春烟图

中国青花瓷纹饰图典·山水卷

清·康熙·柳岸春烟图

清·康熙·柳岸春烟图

清·康熙·柳岸春烟图

清·康熙·柳岸春烟图

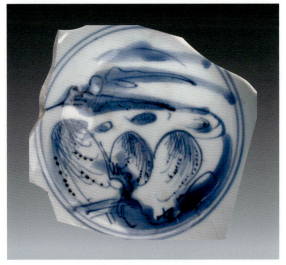
清·康熙·柳岸春烟图

清·雍正·柳岸春烟图

九、柳岸春烟图

清·乾隆·柳岸春烟图

清·乾隆·柳岸春烟图

清·道光·柳岸春烟图

十、楼台建筑图

楼台建筑图案,在青花画中,明代着重写意,清代多按比例写实。楼台建筑有全景构图,也有楼台一角。更多的是隐于山涧,或偏于一隅,作为全景点缀。

明·空白期·楼台建筑图

十、楼台建筑图

明·天启·楼台建筑图

明·天启·楼台建筑图

清·康熙·楼台建筑图

清·康熙·楼台建筑图

149

清·康熙·楼台建筑图

清·康熙·楼台建筑图

清·康熙·楼台建筑图

十、楼台建筑图

清·康熙·楼台建筑图

清·康熙·楼台建筑图

清·康熙·楼台建筑图

清·康熙·楼台建筑图

十、楼台建筑图

清·乾隆·楼台建筑图

清·乾隆·楼台建筑图

清·乾隆·楼台建筑图

清·乾隆·楼台建筑图

清·乾隆·楼台建筑图

十、楼台建筑图

清·乾隆·楼台建筑图

清·乾隆·楼台建筑图

清·乾隆·楼台建筑图

清·乾隆·楼台建筑图

十、楼台建筑图

清·乾隆·楼台建筑图

清·乾隆·楼台建筑图

清·乾隆·楼台建筑图

清·乾隆·楼台建筑图

清·乾隆·楼台建筑图

十、楼台建筑图

清·乾隆·楼台建筑图

清·乾隆·楼台建筑图

清·乾隆·楼台建筑图

159

清·乾隆·楼台建筑图

清·乾隆·楼台建筑图

清·乾隆·楼台建筑图

十、楼台建筑图

清·嘉庆·楼台建筑图

清·嘉庆·楼台建筑图

清·嘉庆·楼台建筑图

清·嘉庆·楼台建筑图

清·嘉庆·楼台建筑图

清·嘉庆·楼台建筑图

十、楼台建筑图

清·嘉庆·楼台建筑图

清·嘉庆–道光·楼台建筑图

清·道光·楼台建筑图

清·道光·楼台建筑图

清·道光·楼台建筑图

清·道光·楼台建筑图

十、楼台建筑图

清·道光·楼台建筑图

清·道光·楼台建筑图

清·道光·楼台建筑图

清·道光·楼台建筑图

清·道光·楼台建筑图

清·道光·楼台建筑图

十、楼台建筑图

清·咸丰·楼台建筑图

清·咸丰·楼台建筑图

清·咸丰·楼台建筑图

清·咸丰·楼台建筑图

清·光绪·楼台建筑图

十、楼台建筑图

清·光绪·楼台建筑图

清·光绪·楼台建筑图

清·光绪·楼台建筑图

十一、寿山福海图

福山寿海,即福如东海、寿比南山之意。明永宣时就有福山寿海纹饰,海浪翻滚凶涌,寿山在海浪中巍然屹立,更显江山永固。清代福山寿海图在传统纹饰中又大量添加了寓意"福"的蝙蝠图案。

明·宣德·寿山福海图

明·宣德·寿山福海图

明·宣德·寿山福海图

十一、寿山福海图

明·空白期·寿山福海图

明·万历·寿山福海图

明·天启·寿山福海图

明·天启·寿山福海图

明·天启·寿山福海图

明·天启·寿山福海图

明·天启·寿山福海图

清·康熙·寿山福海图

十二、树石栏杆图

庭院中的房屋和栏杆,在中国人的建筑美学中,是非常重要的搭配。廊、栏的配合,使庭院建筑更加完美。明代青花瓷画中的庭院建筑图案,突出了栏杆的画法,这种简约的栏杆,正是整座庭院的缩影。庭院栏杆有实用性和欣赏性,古人喜欢画庭院中的栏杆,还在于依栏处有壮怀激情、往事悲情和说不完的世故人情。到了清代青花瓷画中的庭院建筑,已多是中规中矩、刻画细腻、按比例成画的图案。

明·弘治·树石栏杆图

明·弘治·树石栏杆图

明·弘治·树石栏杆图

明·弘治·树石栏杆图

十二、树石栏杆图

明·弘治·树石栏杆图

明·正德·树石栏杆图

明·万历·树石栏杆图

清·康熙·树石栏杆图

清·康熙·树石栏杆图

清·康熙·树石栏杆图

清·乾隆·树石栏杆图

十三、山石古木图

以树、石为图,老树奇石为景,青花画中山石古木有多种画法,或精致或粗犷,从中还可领略当时山水画家的神韵逸趣。

清·顺治·山石古木图

中国青花瓷纹饰图典·山水卷

清·康熙·山石古木图

清·康熙·山石古木图

清·康熙·山石古木图

十三、山石古木图

清·康熙·山石古木图

清·康熙·山石古木图

清·康熙·山石古木图

清·康熙·山石古木图

清·康熙·山石古木图

清·康熙·山石古木图

清·康熙·山石古木图

十三、山石古木图

清·乾隆·山石古木图

清·乾隆·山石古木图

清·乾隆·山石古木图

清·嘉庆·山石古木图

清·同治·山石古木图

清·同治·山石古木图

十三、山石古木图

清·光绪·山石古木图

清·光绪·山石古木图

清·光绪·山石古木图

十四、花木湖石图

　　在青花图案中的假山怪石，多用湖石表现。这种产自江南的湖石，用瘦、漏、透、绉的外观美，点缀着庭院。对原始纯朴的湖石，人们更借用女娲五色石补天的故事中补天遗留的顽石赋予灵性和人格化，自然成为园林一景。青花瓷画中的湖石，或工、或草、或粗犷、或清秀，石头的本质没有变，清清淡淡的庄严，体现"石不能言最可人"。

明·弘治·花木湖石图

明·弘治·花木湖石图

明·弘治·花木湖石图

十四、花木湖石图

明·弘治·花木湖石图

明·弘治·花木湖石图

明·崇祯·花木湖石图

清·顺治·花木湖石图

清·顺治·花木湖石图

清·顺治·花木湖石图

十四、花木湖石图

清·顺治·花木湖石图

清·顺治·花木湖石图

清·顺治·花木湖石图

清·顺治·花木湖石图

清·顺治·花木湖石图

十四、花木湖石图

清·康熙·花木湖石图

清·康熙·花木湖石图

清·康熙·花木湖石图

补遗

《中国青花瓷纹饰图典·山水卷》出版后,我们又陆续征集和发现了一批优秀的青花山水瓷片,现予以简单归类,略分"山水风景"与"亭台楼阁"两部分,分享给广大爱好者。

1. 山水风景

明·天启·深山古寺图

明·天启·柳岸春烟图

明·崇祯·壮阔山水图

明·天启·壮阔山水图

中国青花瓷纹饰图典·山水卷

明·崇祯·乐山爱水图

明·崇祯·望江图

明晚期·乐山爱水图

清·康熙·江畔春亭图

清·康熙·壮阔山水图

清·康熙·壮阔山水图

清·康熙·壮阔山水图

清·康熙·乐山爱水图

清·康熙·壮阔山水图

清·康熙·壮阔山水图

补 遗

清·康熙·壮阔山水图

清·康熙·壮阔山水图

清·康熙·壮阔山水图

清·康熙·李白诗意图（三山半落青天外）

清·康熙·江畔春亭图

清·康熙·山水行旅图

清·康熙·壮阔山水图

清·康熙·壮阔山水图

补 遗

清·康熙·江畔春亭图

清·康熙·江畔春亭图

清·康熙·江畔春亭图

清·康熙·江畔春亭图

清·康熙·深山访友图

补 遗

清·雍正－乾隆·壮阔山水图

清·雍正－乾隆·壮阔山水图

清·雍正－乾隆·壮阔山水图

清·雍正－乾隆·乐山爱水图

清·雍正－乾隆·壮阔山水图

清·雍正－乾隆·壮阔山水图

清·雍正－乾隆·壮阔山水图

清·雍正－乾隆·乐山爱水图

清·雍正－乾隆·乐山爱水图

补 遗

清·雍正－乾隆·乐山爱水图

清·雍正－乾隆·乐山爱水图

清·雍正－乾隆·乐山爱水图

清·雍正－乾隆·乐山爱水图

清·雍正－乾隆·乐山爱水图

清·雍正－乾隆·乐山爱水图

清·雍正－乾隆·乐山爱水图

补 遗

清·雍正－乾隆·乐山爱水图

清·雍正－乾隆·乐山爱水图

清·雍正－乾隆·乐山爱水图

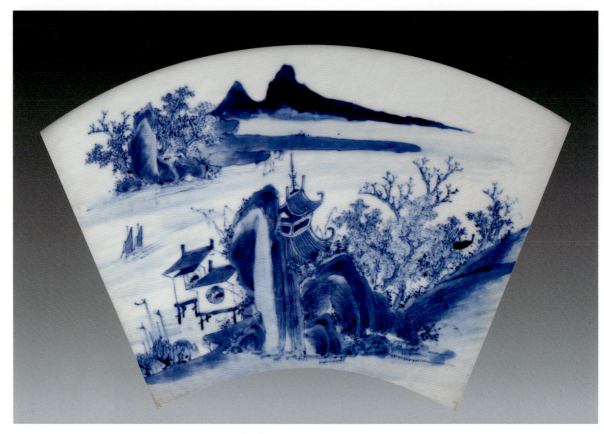

清·雍正－乾隆·乐山爱水图

清·雍正－乾隆·乐山爱水图

补 遗

清·雍正－乾隆·乐山爱水图

清·雍正－乾隆·乐山爱水图

清·雍正－乾隆·乐山爱水图

清·乾隆·乐山爱水图

清·乾隆·壮阔山水图

清·乾隆·壮阔山水图

清·乾隆·乐山爱水图

补 遗

清·嘉庆·壮阔山水图

清·嘉庆·乐山爱水图

清·嘉庆·柳岸春烟图

清中期·乐山爱水图

清·道光·乐山爱水图

清·咸丰·乐山爱水图

清·咸丰·深山古寺图

补 遗

清·同治·渔樵耕读图

清·光绪·乐山爱水图

清·嘉庆·乐山爱水图

清·嘉庆·乐山爱水图

清·嘉庆·乐山爱水图

补 遗

清·嘉庆·乐山爱水图

清·嘉庆·壮阔山水图

清·光绪·乐山爱水图

清·光绪·乐山爱水图

2. 亭台楼阁

明晚期·登楼观景图

清·嘉庆·山水建筑图

清·嘉庆·山水建筑图

清·嘉庆·山水建筑图

清·嘉庆·亭台建筑图

清·道光·亭台楼阁图

清·光绪·亭台楼阁图

清·光绪·亭台建筑图

补 遗

清·咸丰·亭台楼阁图

清·咸丰·亭台楼阁图

清·咸丰·亭台楼阁图

倡导学术积累　弘扬科学精神
——《中国青花瓷纹饰图典》跋

南京大学文化与自然
遗产研究所所长　贺云翱
南京大学历史系教授

由江苏省古陶瓷研究会会长李绍斌先生主持撰著的《中国青花瓷纹饰图典》一书即将问世。蒙绍斌先生厚爱，要我为此书写"跋"，说真的，这让我诚惶诚恐。其一，我对青花瓷仅知皮毛，不得要领何敢发言？其二，明代著名学者顾炎武先生有言："人之患在好为人序。"（载《日知录》卷十九）这是先贤告诫同业，为人作序跋务当慎行。然而绍斌先生一再敦促，我心中委实过意不去，此外，我跻身江苏省古陶瓷研究会副会长一职，对本研究会诸学人完成的这一重要成果亦当鼓之呼之，姑且以此文字略表心迹。

中国青花瓷工艺从唐代起源，直到当代仍在延续，是我国国粹之一，可谓誉满全球。以古代而言，其盛期当在元、明、清三代。青花瓷之特征是在白色器胎上用青花料描绘各式纹饰图案铭款并罩透明釉烧制而成。从学术角度分析，其胎料、造型、釉面、纹饰、图案、铭款、技法、老化程度、埋藏遗痕、运销使用等不同方面都可以成为研究青花瓷器的时代、窑口、品质、价值等切入点，包括青花料本身也有国产料和进口料之别以及因不同年代、不同窑室气氛所导致的时空差异。但青花瓷最重要最鲜明的特征还是器表以青花料绘就的纹饰图案铭款，离开这一要素，青花瓷也就类同于其他一般单色釉瓷。换句话说，青花瓷区别于其他瓷种而呈现出的时代风格、文化内涵、艺术品位、学术价值等基本上是由其丰富多彩、包罗万象、因时而变的纹饰图案铭款所决定的。正是出于这一原因，江苏省古陶瓷研究会的诸同仁抓住关键问题，耗时数年完成了这部卷帙庞大的"图典"。

从全书结构观察，撰著者运用了科学的方法，具体而言：首先是"地层"学原理，它以元→明→清的时代以及各代之期别甚至各帝王年号先后之"叠压"顺序建构了每一类纹饰图案的演变历程，使人们看到了同一种纹饰在不同时期的表现形式和其间的演变规律。其次，它运用"类型"学的方法，对纷繁复杂的青花瓷纹饰图案铭款等做了不同层级的类别划分，如第一层级有人物、动物、鸟雀、山水、花卉、虫鱼、铭文款识等类，第二层级如"人物"中又分官宦、婴戏、高士、八仙、刀马、道释等类。这种类型的划分，不仅阐明了同一时期青花瓷纹饰图案铭款的组合类型和时代风尚，而且也揭示了其不同时期的构成序列和消长关系。再次，

倡导学术积累　弘扬科学精神

如果归结到单体器物上,还是将器物上综合的纹饰图案铭款看作是由不同"文化因素"构成并对之进行解构分析的方法的使用,这对文物鉴定特别是识别那些融汇不同时代风格之纹饰图案铭款于一器之上的伪品仿件来说有着特殊的作用。更有意义的是,书中所录材料不限于过去已发表者,而是补充了大量的第一手实物证据,凝聚了许多藏家多年的辛勤搜集和整理劳动。我以为这部"图典"是具有重要学术价值、资料价值和工具书价值的集体性研究成果。

江苏省古陶瓷研究会为群众性的学术组织,它是从20世纪90年代后期就已成立的南京古陶瓷研究会发展而来。作为始终参与其活动的成员之一,我感到这个研究会由于在一批素有文化修养和学术眼光人士的主持和参与下,一向坚持以陶瓷学术研究、知识传播和文化积累为己任,考察、收藏、展览、研讨、出版等各类活动常年不断,有声有色,赢得了省内外诸多人士的赞誉,加之研究会所在的古都南京蕴含着极其丰富的历史文化资源,广泛分布于江苏各地的研究会会员受惠于江苏这方文化沃壤的浸润和养育,扎根于博大精深的中国陶瓷文化土地之上,经过数年的准备和耕耘,终于成就了这部大著。纵观中国的学术史,其金石之学(或称古器物学、文物学)有一个优秀的传统:既可以学在"官府",也可以学在"民间"。用现代语言表述,文物之学既可以由专门的国家学术机构所从事,也可以由社会民间力量所介入,其学术评价标准只能是一个:资料是否确凿,方法是否科学,结论是否可信。那种认为文物之学只能由国家专业机构所进行的"知识垄断"意识是万万要不得的。那样做不仅与中国的学术传统不符,也与人类文化发展的大势相背离,其结果只能是贬抑了有志者的积极性,阻碍了这门知识的发展和学术文化的积累。这也是拜读"图典"初稿以后的感受之一。谨此为文,不当处祈师友谅之!

2006年10月16日于抱残守缺斋

后 记

  青花瓷发轫于唐而成熟于元，明、清两代是最为繁荣兴盛的时期。青花瓷白地蓝花，鲜明幽倩，不仅受到国内人民的喜爱，同时也为国外收藏家所青睐。在各类瓷器中，可以说青花瓷器生产量最大，存世量也最多。在许多历史文化名城的地下，埋有大量的残破瓷片，其中也以青花居多。从上世纪80年代始，古城南京的一些作家、诗人、画家和文博专家，对采集、欣赏、研究青花瓷片发生了浓厚兴趣。之后，以南京为中心，江苏各地的古陶瓷爱好者乃至与之相联系的外省市的瓷友们，形成了以收藏和研究青花瓷为主体的"瓷片族"，并成立了"南京古陶瓷研究会"和"江苏省古陶瓷研究会"。《中国青花瓷纹饰图典》中的图片资料便是"瓷片族"们从成吨成吨的瓷片中精选汇萃而成的，少量为博物馆和私人藏品，故官窑、民窑作品杂陈，蔚为大观。这部丛书最初由会长李绍斌创意并拟定框架结构和编写提纲，并经过王德安、周道祥、邢舒良、蒋光意等会内同仁多次酝酿讨论和修订。为确保编选的权威性和出版质量，书中每一片纹饰的鉴别及名称、时代的确认，均经编委会集体研究，共同把关。最后由本会顾问、中国古陶瓷学会副会长张浦生先生审定。可以说它是一部江苏省古陶瓷研究会集体智慧的结晶，一部真实、可信、可赏之作。

  丛书在编写过程中，得到中国古陶瓷学会会长汪庆正，副会长张浦生、王莉英等先生的肯定、支持和指导，耿宝昌先生为丛书题写书名，张浦生先生还专门为丛书撰写了序言。南京大学历史学教授贺云翱先生为丛书作跋。同时，还得到了本会顾问苏京、丁如锦、马广彦、余光仁、王念石等先生的关心和支持；得到广大会员、瓷友的大力协助；得到东南大学出版社刘庆楚先生的鼎力相助。为此书编辑和出版发行，郝金宝先生进行了总体策划。书中图片为南京秦淮区摄影协会主席蒋光意先生精心摄制，王胜利先生参与了后期编务工作。在此一并致以感谢。

江苏省古陶瓷研究会
2006.11